Gabriele Kärcher

Spiel und Spaß
mit deinem
Pferd

KOSMOS

Inhaltsverzeichnis

 Ballspiele – Werfen und Fangen *4*

 Klassiker immer wieder gut – Federball *6*

 Reise nach Jerusalem *8*

 Wasser marsch! *10*

 Blumen und Kartoffeln *12*

 Vier Hufe gegen zwei Füße *14*

 Der gestiefelte Reiter *16*

 Immer dranbleiben *18*

 Mit Geschick durch den Spaßparcours *20*

 Links, rechts und ab die Post! *22*

 Immer cool bleiben! *24*

 Die Schnitzeljagd *26*

 Rasanter Team-Spaß *28*

 Auf Wiedersehen *29*

 Stichwortregister *30*

 Danke *31*

Hallo,

gibt es für euch auch nichts Schöneres, als im Sattel zu sitzen?
So geht es uns nämlich auch! Aber manchmal wünschen wir uns
etwas Abwechslung zu den Reitstunden, deshalb haben wir uns
eine ganze Reihe von Spielen überlegt, die wir euch gerne zeigen
möchten.

Die Spiele machen nicht nur unheimlich viel Spaß, wir sind jetzt
auch echt eingespielte Teams mit unseren Ponys und gehen gemein-
sam durch dick und dünn!

Es ist völlig egal, ob ihr Englisch- oder Westernreiter seid, ob eure
Ponys ruhig sind oder temperamentvoll – für jeden gibt es passende
Spiele. Probiert einfach aus, welche euch am meisten Spaß machen!

Eure
Sophia und Krissy

Ballspiele –
Werfen und Fangen

Auch einfache Fangspiele mit dem Ball können eine Herausforderung sein, wenn man sie hoch zu Ross spielt. Es ist ganz schön kniffelig, sowohl den Ball als auch das Pferd im Griff zu haben!

Sophia und Julia haben brave Pferde, die ganz ruhig stehen, auch wenn ihre Reiterinnen sich den Ball zuwerfen.

Los geht's!

Bevor du mit den Wurfspielen loslegen kannst, musst du sichergehen, dass dein Pferd keine Angst vor dem *Ball* hat. Lass dein Pferd ruhig stehen und nimm den Ball in die Hände. Berühr dein Pferd mit ihm, wirf ihn vorsichtig hoch und fang ihn wieder auf.

Bleibt dein Pferd dabei gelassen, kannst du den Ball einmal auf den Boden fallen lassen. Erschreckt es sich auch dabei nicht, lass den Ball den Mähnenkamm entlangrollen und über den Kopf nach vorne fallen. Hat sich dein Pferd gut an den Ball gewöhnt und lässt sich nicht mehr aus der Ruhe bringen, kann es mit dem Spielen losgehen.

Das erste Spiel

Zwei Mitspieler stehen auf dem Boden, einer sitzt auf dem Pferd. Die beiden Stehenden werfen den Ball mal über das Pony zum gegenüberstehenden Spieler, mal zum Reiter. So gewöhnt sich das Pferd an den fliegenden Ball.

Klappt das gut, lässt sich das Spiel steigern: Drei Spieler am Boden und ein Reiter werfen sich zwei Bälle zu. Da wird es schon schwieriger, gleichzeitig den Überblick über die Bälle zu behalten und auf das Pferd zu achten. Das soll trotz der Gewichtsverlagerungen im Sattel stehen bleiben.

Sophia passt genau auf, wann der Ball zu ihr geworfen wird. Zum Glück kann sie sich ganz auf Dusty verlassen.

Ganz schön verzwickt! Katie, Hannah, Julia und Sophia bilden ein Viererteam und versuchen, die beiden Bälle so lange wie möglich in der Luft zu halten.

Tipp

Gewöhn dein Pferd vom Boden aus an den Ball. Lass es an ihm schnuppern, berühr es mit ihm und lass ihn neben ihm auf und ab hüpfen, bis das Pferd gelassen bleibt.

Klassiker

immer wieder gut – Federball

Es geht darum, den Ball so lange wie möglich in der Luft zu halten. Das ist die einzige Regel bei diesem Federballspiel. Aber die hat es in sich! Vor allem, wenn man beim Spielen im Sattel sitzt. Zwei Schläger und ein Federball sind alles, was man dazu braucht.

Gut zielen

Federball im Sattel sitzend zu spielen, ist viel schwieriger als auf dem Boden, weil man nicht hin und her laufen kann. Daher muss man viel besser auf den Mitspieler zielen, wenn man schlägt, damit der eine Chance hat, den Ball zu erreichen.

Tipp

Es kann passieren, dass das Pferd vom Ball getroffen oder vom Schläger berührt wird. Deshalb musst du es unbedingt vorher ausgiebig mit den Spielgegenständen vertraut machen, und zwar erst vom Boden, dann vom Sattel aus. Zeig ihm den Schläger und berühre es an Kopf, Hals, Brust und Kruppe damit.

Begrenzte Reichweite

Die Länge von Arm und Schläger stellt die Reichweite der Spieler dar. Vergrößern können die Mädchen sie nur noch, indem sie sich nach links, rechts, oben oder unten, vorwärts oder rückwärts aus dem Sattel lehnen. Trotzdem fällt der Ball oft auf den Boden. Nachdem Katie und Hannah zigmal ab- und wieder aufgestiegen sind, erkennen sie: Beim Pferde-Federball ist ein *Helfer*, der die Bälle einsammelt, eine große Erleichterung.

Die Pferde, egal ob englisch oder western geritten, dürfen sich von dem fliegenden Ball und den hampelnden Reitern nicht irritieren lassen.

Beide Hände sind beschäftigt, also muss das Pferd auch ohne Zügelverbindung still stehen.

Vor allem aber braucht man zwei brave Pferde, die still stehen und sich auch nicht beunruhigen lassen, wenn ihr Reiter sich auf ihrem Rücken in alle Richtungen bewegt.

Reise nach Jerusalem

Spaß ist garantiert bei der Reise nach Jerusalem! Wenn die *Musik* angeht, laufen alle Spieler um einen Stuhlkreis herum. Verstummt die Musik, muss sich jeder auf einen der Stühle setzen. Dummerweise gibt es einen Stuhl weniger als Teilnehmer. Wer am Ende stehen bleibt, scheidet aus – dann wird auch ein Stuhl weggestellt.

Als Vorbereitung im Schritt und Trab viele Zirkel reiten. So wird das Pferd biegsam und durchlässig, was für die Reise nach Jerusalem ganz wichtig ist.

Vorbereiten und üben

Zu Fuß ist dieses Spiel bekannt und beliebt. Reiter finden es natürlich noch besser, den lustigen Wettlauf hoch zu Ross zu spielen. Das geht nur mit ganz braven Pferden, die nicht nach den anderen treten oder beißen.

Es sollten zwischen fünf und acht Reiter auf etwa gleich großen Pferden oder Ponys sein. Die Stühle werden in der Bahnmitte im *Kreis* aufgestellt. Sie sollten einen Abstand von mindestens einer Pferdelänge haben, damit sich die haltenden Vierbeiner nicht in die Quere kommen. Die Sitzflächen zeigen nach außen.

Um die Pferde mit der Übung vertraut zu machen, sollte jeder ruhig einmal einzeln um den Stuhlkreis herumreiten, zügig absteigen und sich setzen. Dann kann auch die *Gruppe* ein paar Probeläufe ganz in Ruhe machen. Je nachdem, wie geübt die Reiter sind, im Schritt oder auch mal im *Trab*. Wenn das gut klappt und jeder sein Pferd oder Pony wirklich gut unter Kontrolle hat, wird ein *Spielleiter* bestimmt, der am Rand steht und Musik erklingen lässt.

Wer zu stürmisch ist, kann schon mal mitsamt dem Stuhl umkippen. Zum Glück hat Sophia ein braves Pony, das trotzdem Ruhe bewahrt.

Die Reise beginnt

Es ist ganz wichtig, dass alle dasselbe *Tempo* reiten, damit die Abstände zum *Vordermann* immer gleich bleiben und es keine Lücken gibt. Unvermittelt stoppt der Spielleiter die Musik. Die Reiter halten an, springen vom Pferd und versuchen, sich auf einen *Stuhl* zu setzen. Dabei dürfen sie die Zügel weder loslassen noch an ihnen zerren. Wer keinen Stuhl erwischt, muss die Bahn verlassen und ein Stuhl wird entfernt. Sobald alle im Sattel sitzen und sich wieder hintereinander aufgestellt haben, startet die Musik erneut. So geht es weiter, bis nur noch zwei Reiter um den letzten Stuhl kämpfen.

Nur einer kann gewinnen. Wer zuerst auf dem letzten Stuhl sitzt, ist Sieger, auch wenn zwei darauf passen.

Tipp

Nach jedem Ab- und Wiederaufsteigen sollte die Richtung gewechselt werden.

Wasser marsch!

Mit Wasser zu spielen, ist immer toll! Sophia stellt ein Geschicklichkeitsspiel vor, bei dem es darauf ankommt, kein Wasser zu verschütten. Dazu braucht man eine ruhige Hand und ein gut erzogenes Pony, das nicht scheut, wenn es eine unerwartete Dusche bekommt.

Auf dem Reitplatz werden zwei *Tonnen* im Abstand von circa einem Meter aufgestellt. Auf jede Tonne wird ein Plastikeimer gestellt; einer davon ist mit Wasser gefüllt. Sophia reitet los und bringt Dusty zwischen den Tonnen zum Stehen.

Nun nimmt sie die Zügel in die linke Hand und greift mit der rechten nach dem Wassereimer. Vorsichtig hebt sie den *Eimer* vor sich auf die andere Seite. Dabei darf sie nichts verschütten. Jetzt muss sie das Wasser in den zweiten Eimer gießen.

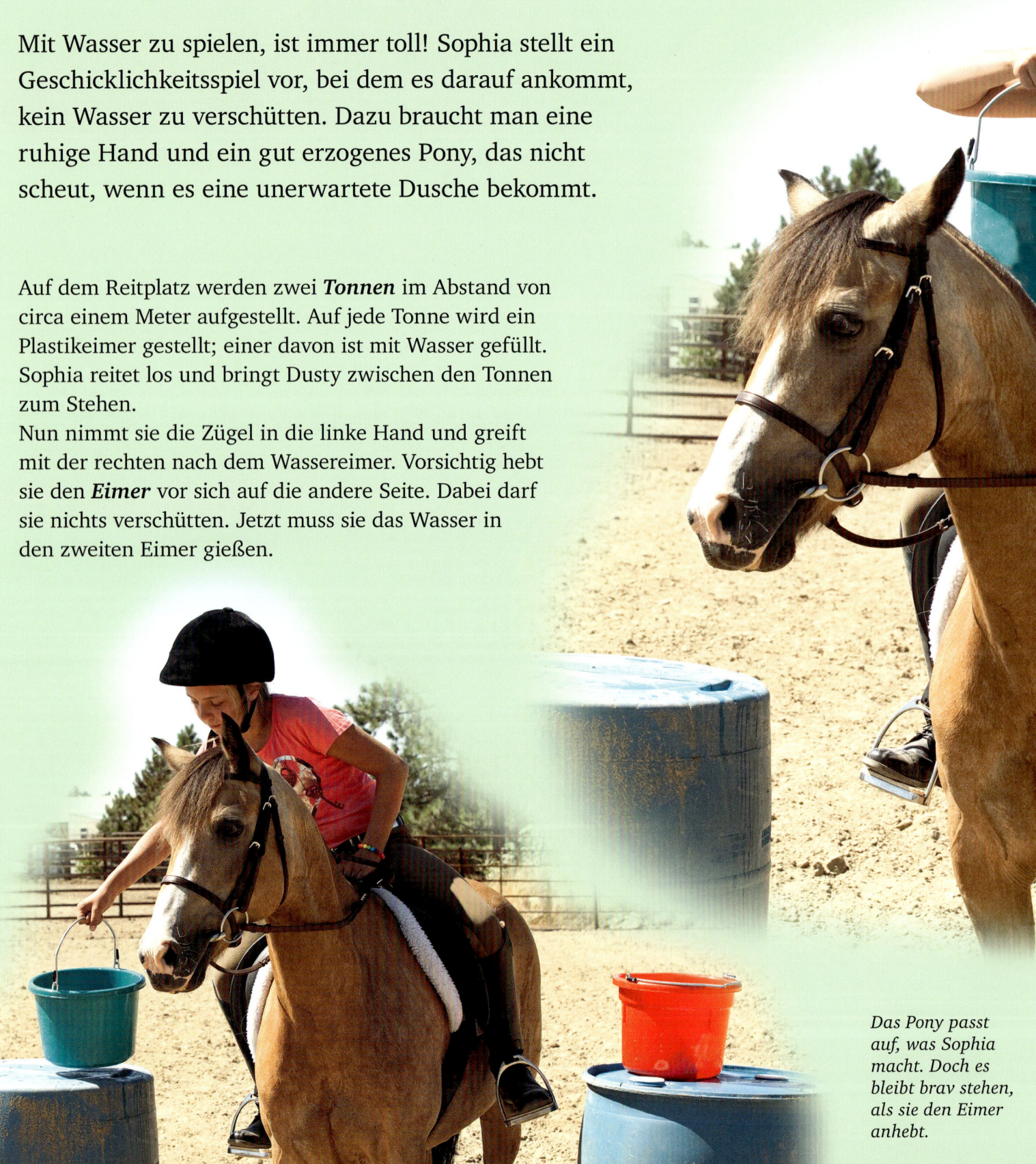

Das Pony passt auf, was Sophia macht. Doch es bleibt brav stehen, als sie den Eimer anhebt.

Sachte stützt sie den Boden des Wassereimers auf die *Zügelhand*, sodass er kippt und das Wasser in den anderen Eimer läuft. Wer sicher ist, dass sein Pferd oder Pony stehen bleibt, kann natürlich auch die Zügel auf den Pferdehals legen und den Eimer in beide Hände nehmen. Dabei soll möglichst wenig verschüttet werden, denn am Ende wird das Wasser im zweiten Eimer gemessen. Wer am meisten Wasser im zweiten Eimer hat, ist Sieger.

Nur für Wasserratten

Wer es gern ein bisschen einfacher hat, kann es mit weniger Wasser spielen. Statt des gefüllten Eimers kann man auch eine Gießkanne verwenden. Die lässt sich mit einer Hand kippen und das Wasser kann zielsicherer eingegossen werden. Damit nichts passiert, ist es wichtig, das Pferd ans Wasser zu gewöhnen. Wenn Wasser aus dem Eimer schwappt, darf das Tier nicht erschrecken. Findet dein Pferd das kühle Nass toll oder geht es ihm lieber aus dem Weg? Dann solltest du es daran gewöhnen oder dieses Spiel lieber auslassen.

Manche Pferde mögen nicht zwischen den Tonnen stehen. Um das zu üben, kann man den Abstand zwischen den Tonnen vergrößern, dann oft hindurchreiten und schließlich davor und dazwischen stehen bleiben.

Blumen *und* Kartoffeln

Das Wassereimerspiel lässt sich weiterentwickeln zum Blumenspiel.
Wieder muss das Pferd zwischen zwei Tonnen stehen, während der Reiter
einen Blumenstrauß in eine Vase stellt, den er mit Wasser versorgen muss.
Dusty findet das alles sehr spannend.

Sophia reitet zwischen die Plastiktonnen.
Auf der einen Tonne steht diesmal ein Eimer,
in dem ein **Blumenstrauß** liegt, und eine
mit Wasser gefüllte **Gießkanne**.
Auf der anderen steht eine

leere **Plastikflasche**, die als Blumenvase
dient. Ihr könnt die Flasche mit Sand oder
Kieselsteinchen beschweren, damit sie nicht
so leicht umfällt. Sophia nimmt nun als Erstes
die Gießkanne und füllt Wasser in die Vase.

*Sophia lehnt sich nach rechts, um
die kleine Gießkanne zu greifen.
Neugierig beschnuppert Dusty
unterdessen die Plastikvase.*

Am besten eignet sich ein künstlicher Blumenstrauß mit einem einzigen dicken Stiel.

Sophia gießt das Wasser in den Flaschenhals. Dusty macht es ihr leicht und bleibt geduldig stehen.

Dann stellt sie die Kanne zurück und greift den Blumenstrauß. Dieser kommt in die Plastikflasche. Je enger der Flaschenhals, desto schwieriger ist es, sowohl das Wasser als auch die Blumen hineinzubekommen.

Kochlöffel-Kartoffellauf

Ein weiteres Geschicklichkeitsspiel ist der Kartoffellauf. Ihr nehmt einen **Kochlöffel** mit einer **Kartoffel** darauf in eine Hand, in der anderen haltet ihr die Zügel. Dann müsst ihr die Kartoffel über eine bestimmte Strecke transportieren. Der Schwierigkeitsgrad lässt sich erhöhen, indem ihr einen Slalom reitet oder trabt.

Vorsichtig balanciert Katie den Kochlöffel mit der Kartoffel, während sie mit Gewicht und Schenkelhilfen Daisy um die Pylonen steuert.

Vier *Hufe* gegen zwei *Füße*

Ein Rennen zwischen Reiter und Läufer – das kann ja nur ungerecht sein! Pferde sind ja viel schneller als Menschen, also steht der Sieger von vornherein fest. Von wegen! Wir haben einen ganz speziellen *Parcours* aufgebaut, bei dem Zweibeiner und Vierbeiner gleiche Chancen haben. Denn es geht nicht nur um Schnelligkeit, sondern auch um *Geschick*, Konzentration und Wendigkeit.

*Nur wer sein Pferd mit feiner **Hilfengebung** reiten kann, hat gegen den Zweibeiner eine Chance.*

Mal schnell, mal langsam

Auf dem Reitplatz werden nebeneinander zwei genau gleiche *Hindernisstrecken* aufgebaut, die durch eine Reihe von *Pylonen* oder *Stangen* voneinander abgegrenzt sind. Zehn Meter von der kurzen Reitbahnseite entfernt verläuft die Start- und Ziellinie. Wiederum im Abstand von zehn Metern von der Start- und Ziellinie stehen drei Slalomstangen, die im Zickzack durchlaufen werden müssen. Hier hat der Zweibeiner oft schon einen Vorteil, doch Sophias Dusty ist gut trainiert und bewältigt den Stangenslalom fehlerfrei im Trab.

Hinter dem *Slalom* liegt eine Stange, über der angehalten werden muss. Sowohl Vier- als auch Zweibeiner müssen genau über der Stange stehen, also mit einem, bzw. zwei Beinen davor und dahinter. Am Ende der Strecke muss eine Tonne umrundet werden, die nicht umfallen darf. Das gibt sonst Strafpunkte!

Reiterin Katie und Läuferin Hannah liegen gleichauf. Doch Sieger wird, wer keine Fehler macht.

Fehlerfrei geht vor

Endspurt! Im *Galopp* geht es zurück – vorbei am Stangenslalom. Aber aufgepasst! Fünf Meter vor dem Ziel geht es noch über einen 60 Zentimeter hohen *Sprung*. Übrigens: Nicht immer ist der Erste auch der Sieger. Für jeden dieser Fehler kassiert man drei Strafsekunden: Im Stangenslalom, wenn eine oder mehrere Stangen umfallen, bei der Stange, wer nicht drei Sekunden korrekt über ihr stehen bleibt, wenn die Tonne umkippt oder wenn beim *Hindernis* die Stange fällt. Sieger ist, wer die schnellste *Zeit* hat.

Der gestiefelte Reiter

„Boot Race" heißt Stiefelrennen und ist der ursprüngliche Name dieses Spiels. Es kommt aus dem Westernreitsport und eignet sich eben am besten für Westernreiter mit Jeans und *Cowboystiefeln*. Denn bei diesem Rennen müssen die Teilnehmer nicht nur schnell reiten, sondern auch schnell raus aus den Stiefeln und hinterher wieder schnell hinein. Unsere Westerngirls Isabella, Laura, Krissy und Daniela hatten einen Riesenspaß beim „Boot Race" und zeigen euch jetzt, wie es geht.

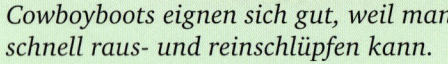

Cowboyboots eignen sich gut, weil man schnell raus- und reinschlüpfen kann.

Achtung! Fertig! Los!

Für das Stiefelrennen braucht ihr nur eine Reitbahn, die mindestens 20 mal 40 Meter groß sein sollte. Drei Teilnehmer sollten es wenigstens sein, besser wären fünf oder sechs. Die Reiter stellen sich an der kurzen Seite auf. Alle Pferdenasen sind auf gleicher Höhe. Doch noch wird nicht losgeprescht! Beim *Startzeichen* reitet die Gruppe ganz gemütlich im *Schritt* nebeneinander los bis zum anderen Ende der Bahn. Dort wird abgesessen und alle Reiter ziehen den rechten *Stiefel* aus. Die Stiefel kommen auf einen Haufen in die Mitte der kurzen Seite. Die Reiter steigen wieder auf und reiten – einen Fuß in Socken – im Trab zur Startlinie zurück, wo sie wenden und sich erneut aufstellen.

Ein ungewohntes Gefühl, nur mit der Socke im Steigbügel zu stehen.

Tipp

Auch wenn das Spiel aus dem Westernsport stammt – natürlich können auch Englischreiter an den Start. Wichtig ist, dass alle ungefähr gleiches Schuhwerk tragen, am besten Stiefeletten und Chaps. Hohe Reitstiefel eignen sich nicht, da sich diese weder mit einer Hand an- noch ausziehen lassen. Egal, ob Western oder Englisch: Bitte keine Pferde, die schlagen oder beißen, im Stiefelrennen reiten. Wenn die Spieler ihre Stiefel wieder anziehen, stehen die Vierbeiner nah beieinander und sollten sich deshalb gut vertragen.

Tempo ist gut, doch wer sein Pferd zu sehr aufheizt, hat später Mühe, es punktgenau anzuhalten.

Nun ertönt das Startzeichen, und ab geht die Post. Die Teilnehmer reiten so schnell sie können zu dem Stiefelhaufen am anderen Ende der Bahn. Dort müssen sie durchparieren, absteigen und ihren Stiefel aus dem Haufen herausfischen. Dabei müssen sie ihre Pferde gut festhalten. Läuft ein Pferd weg, ist das Rennen verloren. Jetzt müssen die Stiefel so schnell es geht wieder angezogen werden. Dann heißt es: Zurück aufs Pferd und im Galopp zur **Start- bzw. Ziellinie**.

Hektik bringt nichts: Nur wer während des Stiefelanziehens sein Pony ruhig hält, kann gewinnen.

Immer dran bleiben

Auf dem Pferd sitzen wie festgeklebt, obwohl es keinen Sattel gibt – darauf kommt es beim Geldscheinrennen an. Wer mit dem Hinterteil auch nur einen Millimeter vom Pferderücken abhebt, hat schon verloren. Und auch beim Zwillingsrennen heißt es: Nur nicht den Kontakt verlieren.

Pferde mit weichen, flacheren Gängen machen es ihrem Reiter beim Geldscheinrennen einfacher. So wie Wendy, auf der Hannah wie festgeklebt sitzt.

Ein Teil des Geldscheins ist zwischen Po und Pferderücken eingeklemmt.

Wendy galoppiert an und für einen Moment verliert Hannah den Kontakt – da fliegt der Schein davon.

Der Sitztest

Im Trab und Galopp wird man leicht aus dem Sattel geworfen, wenn man nicht in der Hüfte mit der Pferdebewegung mitschwingt. Beim Geldscheinrennen könnt ihr den richtigen *Sitz* „im Pferd" trainieren.

Ihr nehmt einen Geldschein oder ein Stück Papier und setzt euch ohne Sattel aufs Pferd. Den Schein klemmt ihr euch unter den Hintern, sodass noch ein Stück hinten herausschaut. Dann reitet ihr *Zirkel*. Erst im Schritt, das ist noch leicht. Beim Traben und Galoppieren zeigt sich die Schwierigkeit des Spiels. Hebt ihr auch nur eine Sekunde vom Pferderücken ab, fliegt der Schein weg und ihr müsst aufhören. Wer am längsten den Schein unter dem Hintern hält, hat gewonnen. Außerdem darf er von sich sagen, dass er einen guten Sitz hat!

Tipp

Beide Pferde müssen in allen Gangarten gleich schnell und in konstantem Abstand geritten werden. Um zu vermeiden, dass die Pferde eines Teams nacheinander schlagen oder beißen, bitte nur mit Pferden spielen, die sich kennen und vertragen. Ganz wichtig: Auf keinen Fall ein reißfestes Band verwenden! Damit könnte man sich verheddern und stürzen.

Das Band, das Sophia und Krissy halten, ist aus leicht reißendem Krepppapier und ungefähr einen Meter fünfzig lang.

Zwillingsrennen

Dieses Spiel können **Englisch-** und **Westernreiter** sogar als Team spielen. Zwei Reiter müssen nebeneinander einen kleinen Parcours bewältigen. Wichtig ist, dass sie gleich schnell reiten und immer den gleichen Abstand zueinander halten. Zwischen sich halten sie ein **Band** aus leicht reißendem Material, zum Beispiel Krepppapier. Reißt das Band oder lässt eine Reiterin es los, ist das Spiel vorbei. Zunächst geht es im Schritt eine Runde auf dem **Hufschlag**, dann im Trab durch die Länge der Bahn. Am Ende steht eine Tonne, um die die beiden im Trab herumreiten müssen. Hier muss das äußere Pony etwas Tempo zulegen, das innen

laufende muss abbremsen, damit beide auf gleicher Höhe bleiben. Ist das Fass umrundet, geht es durch die Länge der Bahn zurück. Der Parcours kann beliebig ergänzt werden, zum Beispiel mit **Bodenstangen**, die zu überqueren sind.

Beide Reiterinnen müssen den ganzen Parcours einhändig reiten, denn mit der zweiten Hand halten sie das Band.

Mit *Geschick* durch den
Spaßparcours

Springen, Schenkelweichen, Schlangenlinien – das kennst du sicher alles aus dem Reitunterricht. In diesem Parcours erwarten dich einmal ganz andere Übungen. Das Prinzip ist einfach: Es geht darum, verschiedene Aufgaben zu erfüllen, und wer das in der kürzesten Zeit schafft, hat gewonnen. Es bringt aber nichts, zu hetzen, denn dann passieren schnell *Fehler*, für die es Strafsekunden gibt.

1. Stangensalat

Die Stangen liegen kreuz und quer durcheinander. Lass die Zügel lang, damit dein Pony sich das Durcheinander ansehen kann. Berühren der Stangen wird nicht bestraft. Erst, wenn die Stangen verschoben werden, gibt es fünf *Strafsekunden*.

Start

2. Jacke anziehen

Sophia reitet zu einem Hindernisständer, an dem ein Kleiderbügel mit einer Jacke hängt. Die Aufgabe besteht darin, im Sattel sitzend die Jacke anzuziehen. Du kannst die Zügel auf den Pferdehals legen, wenn du sicher bist, dass dein Pferd stehen bleibt. Sophia hält die Zügel lieber in einer Hand und passt auf, dass sie Dusty nicht damit stört. Schaffst du es nicht, die Jacke anzuziehen, oder läuft dein Pferd weiter, gibt es fünf Strafsekunden.

3. Luftballonsprung

Springen ist Dustys Lieblingsübung. Als zusätzliche Schwierigkeit sind am Hindernis *Luftballons* befestigt, die sich bei Wind bewegen. Aber Dusty lässt sich nicht beirren und meistert den Sprung fehlerfrei. Verweigerung oder Reißen der Stange kosten fünf Strafsekunden.

4. Schals anziehen

An einem zweiten Hindernisständer hängen ein Schal und eine Federboa. Die Federboa muss sich Sophie um den Hals legen und der Schal soll um den Pferdehals gebunden werden. Sind die Schals nicht ordentlich umgebunden oder läuft das Pferd beim Anziehen der Schals weiter, wenn du die Zügel nachgeben musst, gibt es fünf Strafsekunden.

Ziel

Tipp

Bei allen Fantasie-übungen bitte vorsichtig vorgehen, denn Pferde sind Fluchttiere und haben Angst vor unbekannten Gegenständen. Bevor du diese Aufgaben als Wettbewerb machst, übe sie erst einmal einzeln. So kannst du dein Pferd damit vertraut machen. Ist dein Pferd sehr ängstlich, steig ab und zeig ihm die Aufgaben erst vom Boden aus.

Die Übungen, die Sophia dir hier zeigt, sind nur Beispiele. Du kannst alle möglichen weiteren Aufgaben in den *Spaßparcours* einbauen, zum Beispiel absteigen, einmal ums Pferd herumlaufen und wieder aufsteigen, das Pony ein paar Meter rückwärts richten oder einmal ab- und wieder auftrensen. Du kannst deiner *Fantasie* freien Lauf lassen!

Links, rechts und ab die Post!

Tonnenrennen und Stangenslalom kommen aus dem Westernreiten und sind in Amerika beliebte Wettkampfsportarten, vor allem für Mädchen. Bei beiden geht es um Schnelligkeit und Wendigkeit. Einmal müssen drei Tonnen oder Fässer umrundet werden und einmal geht es im *Zickzackkurs* durch sechs wacklige Stangen. Tempo ist wichtig, doch wer sein Pony vor den Wendungen nicht abbremsen kann, hat keine Chance.

Krissy ist eine wahre Meisterin im „Barrel Race", wie das Tonnenrennen auf Englisch heißt. Mit ihrem Pony Bunny rast sie um die Fässer, dass kaum ein Gegner mithalten kann. Die schnellste Zeit gewinnt, doch Krissy reitet nicht nur schnell, sie weiß auch, dass sie Bunny genau im richtigen Moment abbremsen und vorsichtig um die Fässer lenken muss, denn ein umgestoßenes Fass kostet jeweils fünf Strafsekunden.

Mit Tempo und Gefühl

Drei Fässer werden in einem *Dreieck* aufgestellt. Krissy startet und reitet auf das erste Fass zu, das an der rechten Bahnseite mit ausreichendem Abstand zur Bande steht, und umrundet es in einer Rechtswendung. Das zweite Fass steht auf gleicher

Höhe an der linken Bahnseite. Dieses Fass umrunden die beiden in einer Linkswendung. Das dritte Fass steht am Ende der Bahn in der Mitte und wird wiederum in einer Linkswendung umritten. Bei jeder Wendung wird also die eigene Bahn überquert. Dann geht es im Galopp über die Ziellinie, wo die Zeit gestoppt wird.

Je enger die Wendung, desto weniger Zeit kostet sie. Doch die Gefahr besteht, dass der Steigbügel das Fass umstößt. Dann gibt es Strafsekunden und der Zeitgewinn ist dahin.

Englischreiter können die klassischen Westernspiele genauso gut.

Der Stangenslalom

„Pole Bending" heißt der Stangenslalom auf Englisch, was so viel wie „sich um die Stangen biegen" bedeutet. Im Abstand von jeweils sieben Metern werden sechs Stangen aufgestellt. Zuerst reitet Krissy neben den Stangen bis zum Ende der Bahn. Dann wendet sie Bunny und reitet im Zickzack durch die Stangen, möglichst ohne diese zu berühren. Dann folgt eine scharfe *Wendung* um die erste Stange und noch einmal durch die Stangenreihe. Am Ende kommt wieder eine Wendung und dann geht es im Galopp zurück zur *Ziellinie*.

Reiter und Pferd müssen sich vertrauen.

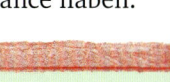

Tipp

Krissy reitet Stangenslalom und Tonnenrennen im Galopp, dafür hat sie lange geübt. Um dein Pferd daran zu gewöhnen, reitest du erst einige Male im Schritt, dann im Trab. Als Reiterspiel könnt ihr Schritt oder Trab als Gangart vorgeben, damit alle die gleiche Chance haben.

Immer *cool* bleiben!

Hier kommt es nicht auf die Schnelligkeit oder das Springvermögen an, sondern auf die Ausgeglichenheit und Nervenstärke eines Pferdes. Die Gelassenheitsprüfung ist eigentlich kein Spiel, macht aber trotzdem Spaß und ist eine gute Vorbereitung für Spiele und *Ausritte*.

Gelassenheit kann man lernen

Wer gern ausreitet, weiß es zu schätzen, wenn das Pferd nicht gleich seinem *Fluchtinstinkt* folgt, wenn ein Auto vorbeifährt, ein Vogel auffliegt oder ein Bach zu überqueren ist. Das kann man üben. *Gelassenheit* ist ein Zusammenspiel aus *Charakter*, *Erziehung* und *Vertrauen*. Es gibt Pferde, die von Natur aus ruhiger und weniger schreckhaft sind als andere. Und wenn ein Pferd gut auf die Reiterhilfen reagiert und außerdem seinem Reiter vertraut, ist es weniger anfällig für neue, Furcht einflößende Situationen.

Wichtig ist es, dem Pferd Zeit zu lassen. Katie reitet erst hinüber, wenn Daisy ganz ruhig ist.

Bei der Gelassenheitsprüfung werden verschiedene Aufgaben absolviert, die Situationen im Gelände nachempfunden sind. Sophia und Katie zeigen ein paar der Übungen, die jeder bei sich im Reitstall nachmachen kann. Als Erstes legen die Mädchen eine *Plastikplane*

Ruhig trägt Daisy Katie über die raschelnde Plastikplane.

Sophia führt ihr Pony an die Plane heran und macht es mit ihr vertraut.

auf den Boden. Sie soll überquert werden, mal geführt und mal geritten. Setzt ein Pferd einen Huf darauf, raschelt die Plane, was viele Pferde erst einmal erschreckt. Diese Übung bereitet das Pferd darauf vor, über ungewohnten Untergrund oder durch Wasser zu gehen. Sophia führt ihr Pony an die Plane heran, lässt es dann stehen und ausführlich daran schnuppern. Wenn sie merkt, dass es keine Angst hat, führt sie es langsam hinüber. Katie zeigt dieselbe Übung im Sattel von Daisy. Geht das Pferd brav über das „Hindernis", ist ausführliches Loben angesagt.

Luftballon und Rappelsack

Bei einer anderen Übung soll das Pferd an auffliegende Gegenstände gewöhnt werden. Ein Helfer wirft aus einem Versteck Luftballons in die Höhe. Das Pony bleibt stehen. Es vertraut Sophia und weiß, die Ballons sind keine Gefahr, wenn Sophia so ruhig bleibt. Dann spannt der Helfer vor dem Pferd einen *Regenschirm* auf. Die nächste Übung ist das Vorbeireiten an einem *Rappelsack*. Das ist ein Sack, der mit leeren Konservendosen

Das Pony vertraut seiner Reiterin Sophia und lässt sich von bunten Luftballons nicht aus der Ruhe bringen.

gefüllt ist und Lärm macht, wenn er geschüttelt wird. Weniger Furcht einflößend sind die *Gehorsamkeitsübungen*. Zum Beispiel müssen Pferd und Reiter oder Führer über ein Viereck aus Bodenstangen treten oder ein paar Meter rückwärts gehen. Alles soll harmonisch aussehen und zeigen, dass Pferd und Mensch Vertrauen zueinander haben.

Pferde sind Flucht- und Herdentiere. Wenn das „Herdenmitglied" Mensch ihnen Sicherheit vermittelt, gehen sie mit ihm durch dick und dünn.

Die Schnitzeljagd

Bis jetzt haben Katie und ihre Freundinnen euch Spiele gezeigt, die ihr auf dem *Reitplatz* oder in der Halle spielt. Sehr beliebt sind aber auch *Geländespiele*, allen voran die Schnitzeljagd. Hier geht es um reiterliches Können, aber auch um Geschick und theoretisches *Wissen*. Die Schnitzeljagd kann einzeln oder in Gruppen gespielt werden.

Bevor es losgeht, wird die Strecke markiert. Ihr könnt mit Kreide Pfeile auf Baumstämme, Steine oder auf den Boden malen, und zwar immer dort, wo der Weg sich gabelt. So wissen die Reiter, wo es lang geht. Entlang der Strecke werden mehrere *Stationen* festgelegt, an denen verschiedene Aufgaben zu lösen sind. Hannah ist diesmal die Spielführerin und hat sich folgende *Quizfragen* überlegt, die dann an den Stationen beantwortet werden müssen: „Wie heißt ein schwarzes Pferd?", „Woher stammt das Fjordpferd?" und „Wie heißt ein einfach gebrochenes Gebiss?"

Wer's weiß, darf weiter

Dazwischen warten reiterliche Übungen. Um weitere Punkte zu sammeln, müssen die Reiter ihr Pferd an einer Station eine Pferdelänge rückwärtsrichten oder absteigen und von einem Baumstumpf aus wieder aufsteigen, was nur mit einem ruhig stehenden Pferd möglich ist.

Es können Fragen über Pferde, aber auch mal Fragen aus der Schule oder sogar Rechenaufgaben gestellt werden.

Hannah ist Streckenposten. Sie hält schriftlich fest, was die Teilnehmer wissen und verteilt die Punkte.

Ein oder mehrere Zettel mit Quizfragen werden entlang der Strecke an Bäumen befestigt. Für jede korrekte Antwort gibt es Punkte.

Eine weitere Idee ist das Sammeln von Gegenständen im Wald, zum Beispiel Tannenzapfen oder das Blatt einer bestimmten Baumart. Viel Spaß machen auch Schätzfragen. Hannah hat ein großes Glas mit Pferdeleckerlis gefüllt, die sie vorher genau abgezählt hat. Die Reiter müssen die Zahl schätzen und je genauer sie raten, desto mehr *Punkte* erhalten sie. Die Leckerbissen bekommen die Pferde als Belohnung am Ende der Schnitzeljagd. *Streckenposten* warten an den einzelnen Stationen und verteilen die Punkte an die Reiter. Bei den gefragten Aufgaben könnt ihr eurer Fantasie freien Lauf lassen.

Tipp

Bevor die Helfer eine Strecke im Gelände festlegen und kennzeichnen, sollten sie unbedingt in Erfahrung bringen, ob die Strecke als Reitweg genutzt werden darf. Die Spieler können einzeln antreten oder in Gruppen. Aus Sicherheitsgründen dürfen nur Pferde auf eine Schnitzeljagd gehen, die ruhig und geländeerfahren sind.

Rasanter Team-Spaß

Bei Reiterspielen geht es um Spaß, um das Ausprobieren und um das Mitmachen. Die „Mounted Games" – zu Deutsch „berittene Spiele" – sind eine Weiterentwicklung dieser Spiele zum Turniersport. Um *Schleifen* und *Pokale* zu gewinnen, müssen Reiter und Ponys gut durchtrainiert sein.

Tempo, Geschick und Fantasie

Zwar gibt es Einzel- und Paarwettbewerbe, doch meist werden die „Mounted Games" von Teams ausgetragen. Ein Team besteht aus fünf Reitern, wovon jedoch immer nur vier zu einem Spiel antreten – je nachdem, wer was am besten kann. Diese vier reiten nacheinander eine bestimmte Strecke, zum Beispiel einen Stangenslalom. Die Zeit läuft, sobald der erste

Beim Dosenrennen muss jeder Teamreiter eine Plastikdose von einem Stapel nehmen und auf ein zweites Podest setzen.

Reiter die Start-/Ziellinie überquert. Er durchläuft den Stangenslalom in beide Richtungen. Erreicht er das *Ziel*, startet der zweite Reiter. Erst wenn die Nase des vierten Ponys die Ziellinie erreicht hat, wird die Zeit gestoppt. Dann geht die nächste *Mannschaft* an den Start.

Die Spiele sind recht unterschiedlich, doch immer geht es rasant zu. Rasche Beschleunigungen sind genauso wichtig wie punktgenaues Anhalten und Wenden.

Kleine flinke Pferde und Ponys sind bei den Mounted Games im Vorteil, da oft enge Wendungen geritten werden müssen, wie beim Slalomrennen.

Auf Wiedersehen

Bestimmt habt ihr ganz viele Ideen, wie man die Spiele noch variieren kann. Jede von uns hat ihr Lieblingsspiel gefunden und auch den Ponys liegen manche Spiele mehr und manche weniger. Aber das macht es ja gerade spannend: Es gibt kein Pferd, das immer überlegen ist. Mal ist ein ruhiges, langsames Pferd im Vorteil und mal ein schnelles, temperamentvolles.

Für viele Spiele mussten wir erst einmal üben, bevor wir richtig loslegen konnten. Dabei haben wir gemerkt, wie viel Reiter und Pferde dabei lernen können. Spiele sind nicht nur Spaß, sondern auch ein gutes Training, um reiterlich und im Umgang mit dem Pferd weiterzukommen.

Höchstes Gebot ist die Sicherheit. Oft kommen sich die Pferde sehr nahe, und da ist es wichtig, dass sie nicht beißen oder schlagen. Doch wenn ihr alles gut vorbereitet, werdet ihr bestimmt genauso viel Spaß haben wie wir!

Eure

Stichwortregister

A

Ausritte **24**

B

Ball **4**
Band **19**
Blumenstrauß **12**
Bodenstangen **19**

C

Charakter **24**
Cowboystiefel **16**

D

Dreieck **22**

E

Eimer **10**
Endspurt **15**
Englischreiter **19**
Erziehung **24**

F

Fantasie **21**
Fehler **20**
Fluchtinstinkt **24**

G

Galopp **15**
Gehorsamkeits-
  übungen **25**
Geländespiele **26**
Gelassenheit **24**
Geschick **14**
Gießkanne **12**
Gruppe **9**

H

Helfer **7**
Hilfengebung **14**
Hindernis **15**

Hindernisstrecken **14**
Hufschlag **19**

K

Kartoffel **13**
Kochlöffel **13**
Kreis **8**

L

Luftballons **21**

M

Mannschaft **28**
Musik **8**

P

Parcours **14**
Plastikflasche **12**
Plastikplane **24**
Pokale **28**
Punkte **27**
Pylonen **14**

Q

Quizfragen **26**

R

Rappelsack **25**
Regenschirm **25**
Reitplatz **26**

S

Schleifen **28**

Schritt **16**
Sitz **18**
Slalom **15**
Spaßparcours **21**
Spielleiter **9**
Sprung **15**
Stangen **14**
Startzeichen **16**
Start-/Ziellinie **17**
Stationen **26**
Stiefel **16**
Strafsekunden **20**
Streckenposten **27**
Stuhl **9**

T

Tempo **9**
Tonnen **10**
Trab **9**

V

Vertrauen **24**
Vordermann **9**

W

Wendung **23**
Westernreiter **19**
Wissen **26**

Z

Zeit **15**
Zickzackkurs **22**
Ziel **28**
Ziellinie **23**
Zirkel **18**
Zügelhand **11**

Danke

Ohne die Mithilfe unserer Reiterinnen und ihrer Pferde hätten wir die Reiterspiele nicht so anschaulich darstellen können. Wir bedanken uns ganz herzlich bei Katie, Sophia, Hannah, Krissy, Julia, Laura, Isabella und Theresa. Danke, ihr seid toll geritten! Natürlich danken wir auch ihren Pferden und Ponys Daisy, Dusty, Wendy, Willy, Bunny und Mirage. Unser besonderer Dank gilt auch Linda, Robert und Madeline Auch, die uns nicht nur ihre private Reitanlage für die Aufnahmen zur Verfügung gestellt haben, sondern auch mit Rat und Tat zum Gelingen der Fotos beigetragen haben.

Impressum

Mit Fotos von Horst Streitferdt, Stuttgart: S. 23 u., 25 o.
Alle anderen Fotos sind von Gabriele Kärcher, Aichhalden.

Umschlaggestaltung von Atelier Reichert, Stuttgart, unter Verwendung von Fotografien von Gabriele Kärcher, Aichhalden.

Haftungsausschluss: Alle Angaben und Methoden in diesem Buch sind sorgfältig erwogen und geprüft. Sorgfalt bei der Umsetzung ist jedoch geboten. Der Verlag und die Autoren übernehmen keinerlei Haftung für Personen-, Sach- oder Vermögensschäden, die im Zusammenhang mit der Anwendung und Umsetzung entstehen könnten.

Unser gesamtes lieferbares Programm und viele weitere Informationen zu unseren Büchern, Spielen, Experimentierkästen, DVDs, Autoren und Aktivitäten finden Sie unter **kosmos.de**

Gedruckt auf chlorfrei gebleichtem Papier

© 2012, Franckh-Kosmos Verlags-GmbH & Co. KG, Stuttgart
Alle Rechte vorbehalten
ISBN: 978-3-440-13213-5
Redaktion: Janine Hartenstein
Layout und Bildbearbeitung: Walter Typografie & Grafik GmbH, Würzburg
Produktion: Verena Schmynec
Printed in Germany/Imprimé en Allemagne

So macht Reiten richtig Spaß!

Andrea und Markus Eschbach
Pferdesprache für Kinder
32 S., 100 Abb., €/D 9,95
Preisänderung vorbehalten
ISBN 978-3-440-11013-3

Ute Ochsenbauer
Mein großes Buch über Pferde und Ponys
144 S., 420 Abb., €/D 19,99
Preisänderung vorbehalten
ISBN 978-3-440-12606-6

Pferdeflüstern leicht gemacht

Pferde haben eine ganz eigene Sprache! Sie sprechen nicht mit
Worten, wie wir, sondern mit ihrem Verhalten und ihrem
Körper! In diesem Buch lernst du, wie diese Sprache funktio-
niert und wie du mit deinem Pferd sprechen kannst. Was tun
Pferde den ganzen Tag? Wie verhalten sie sich in der Herde?
In kurzen und informativen Texten und mit tollen Fotos erklären
die Autoren, wie du die Pferdesprache lernen kannst. So wird
dein Pferd zu deinem allerbesten Freund!

Alles, was du wissen musst

Mein großes Buch über Pferde & Ponys begleitet eine Gruppe
von Kindern mit ihren Ponys. Dabei lernen und erklären sie,
was ein echter Pferdefreund alles wissen muss. Was brauchen
Pferde? Wie leben Pferde in der Herde? Was kann man mit
Pferden und Ponys alles machen? Die Kinder berichten von
ihren Erfahrungen mit ihren eigenen Ponys. Reitlehrerin Ute
Ochsenbauer erklärt, wie Pferde sind und was sie brauchen.
Und sie zeigt, welche Sportarten und Aktivitäten mit Pferden
und Ponys richtig Spaß machen. Olympiasiegerin Ingrid Klimke
und ihre Tochter Greta geben echte Profi-Tipps!

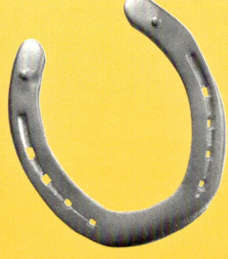